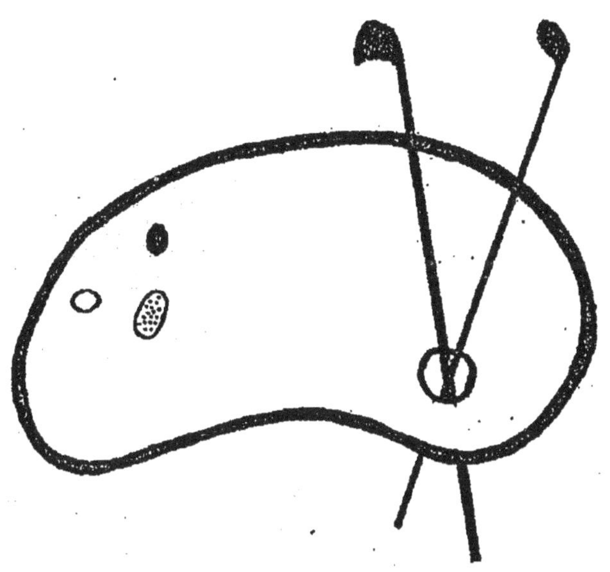

DEBUT D'UNE SERIE DE DOCUMENTS
EN COULEUR

SCIENCE ET RELIGION
Études pour le temps présent

L'ORIGINE MOSAÏQUE

DU PENTATEUQUE

PAR LE

P. Lucien MÉCHINEAU, S. J.

Troisième édition

PARIS

LIBRAIRIE BLOUD ET Cie

4, RUE MADAME ET RUE DE RENNES, 59

1905

Tous droits réservés.

SCIENCE ET RELIGION
Études pour le temps présent. — Prix 0 fr. 60 le vol.

181 **Petites religions d'Amérique.** *Les Cures divines. Le Spiritisme,* par le baron CARRA DE VAUX, professeur à l'Ecole libre des Hautes Études.. 1 vol.

182 **La Révolution française et l'Enseignement national** (1789-1802), par le Chanoine Allain... .... 1 vol.

183 **La Déclaration des Droits de l'Homme et la Doctrine catholique,** par J. BRUGERETTE, professeur licencié d'histoire et de philosophie .... 1 vol.

184 **Le Pessimisme contemporain. Ses précurseurs, ses représentants, ses sources,** par l'abbé C. MANO .... 1 vol.

185 **Les Possédées de Loudun et Urbain Grandier.** *Etude historique* par I. BERTRAND.............................. 1 vol.

186 *La première année sainte du XIX° siècle.* **Le Jubilé de 1825.** *Etude historique,* par M. GEOFFROY DE GRANDMAISON.... 1 vol.

187 **Les Motifs d'espérer,** *Discours prononcé à Lyon le 24 novembre 1901,* par Ferdinand BRUNETIÈRE, de l'Académie française. *Edition officielle augmentée de nombreuses notes*....... 1 vol.

188-189 **Les Relations entre la Foi et la Raison,** *Exposé historique,* par M. l'abbé DE BROGLIE, *avec Préface,* par le R. P. Augustin LARGENT, professeur à la Faculté de Théologie de Paris. 2 vol. Prix... 1 fr. 20

190-191-192 *Origines du Protestantisme,* par E. LAFFAY, docteur ès lettres. 3 vol. se vendant séparément.

I. — **L'Allemagne au temps de la Réforme**.......... 1 vol.

II. — **Luther**................................... 1 vol.

III. — **La Conquête Luthérienne**..................... 1 vol.

193 **Les Sciences physionomiques,** *leur passé et leur présent,* par Charles GODARD................................... 1 vol.

194 **La Supériorité du Christianisme,** *Coup d'œil sur les Religions comparées,* par Pierre COURBET.................. 1 vol.

195 **La Formation de la Volonté,** par J. GUIBERT P.S.S. 1 vol.

196 **Les Danses macabres et l'Idée de la mort dans l'art chrétien,** par Louis DIMIER, docteur ès lettres .... 1 vol.

197 **Premiers principes d'Economie politique,** par H. RUBAT DU MÉRAC, professeur à la Faculté libre de droit de Paris... 1 vol.

198 **L'Evocation des Morts,** par le P. A. MATIGNON, S. J. 1 vol.

199 **L'Eglise et le Rachat des captifs,** par Paul DESLANDRES, archiviste paléographe.................................. 1 vol.

200 **La Propriété foncière du clergé sous l'ancien régime et la vente des biens ecclésiastiques** pendant la Révolution, par G. LECARPENTIER .... 1 vol.

201-202 **Les Moines de l'Afrique romaine,** III° et IV° siècles, par le R. P. Dom BESSE, O. S. B. 2 vol. Prix.............. **1 fr. 20.**

203 **Les Origines de l'Episcopat,** par V. ERMONI .... 1 vol.

204-205 **L'Hypnose chez les Possédés,** par le D' Charles HÉLOT, 2 vol. Prix.. 1 fr. 20.

206 **Premiers principes d'Economie sociale,** par H. RUBAT DU MÉRAC... 1 vol.

207 *Questions de droit ecclésiastique et civil :* **Les Traitements ecclésiastiques,** par Lucien CROUZIL............... . 1 vol.

208 *La Bible et l'Orientalisme :* **La Bible et l'Egyptologie,** par
V. ERMONI... 1 vol.
209 DU MÊME AUTEUR : *La Bible et l'Orientalisme :* **La Bible et
l'Assyriologie**... 1 vol.
210 *Les Grands Philosophes :* **H. Taine,** par Michel SALO-
MON .... 1 vol.
211 **Apologie du Culte catholique,** par le chan. MOUSSARD 1 vol.
212 **Symbolisme du Culte catholique,** par A. SAUBIN.. 1 vol.
Les Bases anatomo-physiologiques de la psychologie, par
le Dr E. BALTUS, professeur à la Faculté libre de Lille. — Introduction par E. PEILLAUBE.................................... 2 vol.
213-214 *Le Système nerveux,* 13 gravures.   Prix : 1 fr. 20.
215 *Le Cerveau.* Deux gravures................................. 1 vol.
216 **L'Influence de saint François d'Assise sur la civilisation
et les arts,** par Alphonse GERMAIN........................... 1 vol.
217 **La Liberté de penser et la Libre pensée,** par le Châ-
noine CANET... 1 vol.
218 **La Science de l'Invisible ou le Merveilleux naturel
et la Science moderne,** par le P. HILAIRE DE BARENTON,
O. M. C... 1 vol.
219-220 **Les Catacombes de Rome,** *Histoire et description,* d'après
les documents les plus récents, par André BAUDRILLART, Agrégé de
l'Université. *Ouvrage orné de 27 gravures.* 2 vol. Prix : 1 fr. 20
221 **Les Missions protestantes à la fin du XIX° siècle.** par
l'abbé PISANI, docteur ès lettres............................. 1 vol.
222 **Un Miracle contemporain** (*Pierre de Rudder*), par Alfred DES-
CHAMPS. S. J., Docteur en médecine et en sciences naturelles. 1 vol.
223 **La Pénitence publique dans l'Eglise primitive,** par M. l'abbé
VACANDARD .... 1 vol.
224 *Du même auteur :* **La Confession sacramentelle dans la
primitive Eglise**... 1 vol.
225 **Jeanne d'Arc a-t-elle abjuré au cimetière de Saint-Ouen ?**
— *La vérité sur le Drame du 24 Mai 1431, d'après les conclusions
présentées à Paris au Congrès des Sociétés Savantes, le 1er Avril
1902,* par M. l'abbé Ph.-H. DUNAND.......................... 1 vol.
226 **Philosophie de la prière,** par I.-L. GONDAL....... 1 vol.
227 *Les grands Ordres religieux :* **La Compagnie de Jésus,** par
A. BROU.. 1 vol.
228 *Les grands Ordres religieux :* **Les Bénédictins,** par DOM
BESSE, O. S. B.. 1 vol.
229 *Les grands Ordres religieux :* **Les Franciscains en France,**
par le R. P. HILAIRE DE BARENTON, *O. M. C*............. 1 vol.
230 **Le Drame religieux au moyen âge,** par Marius SE-
PET.. 1 vol.
231 **La Mortification chrétienne et la Vie.** *Etude apologétique,*
par A. CHABOT, vicaire général de Luçon.................. 1 vol.
232 **Les Elus dans l'Eglise et hors de l'Eglise,** par M. l'abbé
LAXENAIRE... 1 vol.
233 *Questions de droit civil et ecclésiastique :* **Mariage civil et
Divorce. — Deux éléments de ruine sociale,** par René LEMAIRE,
docteur en droit, lauréat de la Faculté de droit de Paris. 1 vol.
234 **L'Art chrétien en France.** (Sculpture, Peinture, Mobilier
d'église, etc.) *Des origines au XVIe siècle,* par M. A. GERMAIN 1 vol.
235 **Si toutes les Religions se valent ?** par J. BRUGERETTE 1 vol.
336 *Les Grands Philosophes.* **E. Kant,** par E. BEURLIER, professeur
agrégé de philosophie .... 1 vol.
237 **La Franc-Maçonnerie, secte Juive née du Talmud.** *Ses
origines, ses progrès, son rôle politique, sa haine de l'Eglise,* par
I. BERTRAND... **1 vol.**

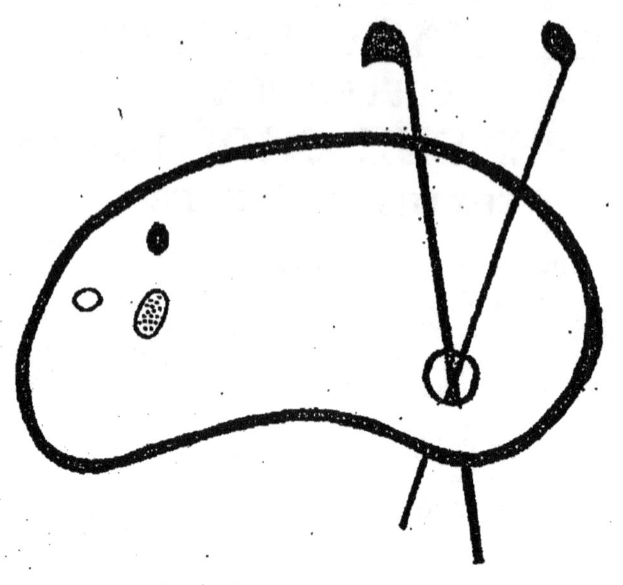

FIN D'UNE SERIE DE DOCUMENTS
EN COULEUR

L'ORIGINE MOSAÏQUE DU PENTATEUQUE

Ego Maria Gedeo Labrosse, Societatis Jesu in Provincia Franciae Provincialis, potestate ad hoc mihi facta ab A. R. P. Ludovico Martin ejusdem Societatis Praeposito Generali, facultatem concedo ut opuscula quibus tituli : *L'Autorité humaine des Livres Saints,* — *L'Origine apostolique du Nouveau Testament,* — et *L'Origine mosaïque du Pentateuque,* a P. L. Méchineau conscripta et a tribus viris ejusdem Societatis recognita et approbata, typis mandentur.

In quorum fidem has litteras manu mea subscriptas et sigillo meo munitas dedi.

Parisiis, 7 déc. 1900.

M. G. LABROSSE, S. J.

IMPRIMATUR

Parisiis die 14 decembris 1900

Π. ODELIN, v. g.

SCIENCE ET RELIGION
Études pour le temps présent

L'ORIGINE MOSAÏQUE DU PENTATEUQUE

PAR LE

P. Lucien MÉCHINEAU, S. J.

PARIS

LIBRAIRIE BLOUD ET Cie

4, RUE MADAME ET RUE DE RENNES, 59

—

1905

A NOS LECTEURS

Nous avons publié dans la collection : *Science et religion, Etudes pour le temps présent*, un premier travail ayant pour titre : *L'autorité humaine des Livres saints*. C'est une étude générale concernant la valeur historique de nos Livres sacrés et la place qu'occupe en apologétique leur autorité même purement humaine. Quelques écrivains catholiques, que le Souverain Pontife a du reste avertis à plusieurs reprises en ces derniers temps, ont paru, faute sans doute d'en avoir assez conscience, tomber d'accord sur ce point avec nos adversaires. Sous prétexte qu'il nous suffit — ce qui n'est pas rigoureusement exact — de sauvegarder l'autorité divine, c'est-à-dire l'inspiration et la canonicité des Écritures, ils croyaient pouvoir sacrifier, comme une cause désormais perdue, leur autorité simplement humaine, en d'autres termes, leur authenticité et leur véracité. Nous avons tout d'abord montré, dans ce premier opuscule, que la valeur historique ou autorité humaine des Écritures est de la plus haute importance, alors que l'on traite les questions apologétiques, et dès que l'on veut prouver scientifiquement nos justes raisons de croire. Nous avons fait voir en second lieu que l'autorité humaine des Livres saints est indubitable, dès lors qu'on admet leur autorité divine, c'est-à-dire leur valeur de livres inspirés. Enfin nous avons établi qu'indépendamment de leur inspiration, un bon nombre de nos Livres, ceux-là surtout qui servent aux démonstrations apologétiques de nos traités *de Religione* et *de Ecclesia*, sont des livres dont l'authenticité et la véracité ne sauraient être raisonnablement mises en doute par un historien et un critique, encore moins par un théologien.

Ce que nous avons ainsi fait pour nos Livres saints en général, nous l'avons fait tout spécialement pour les livres du Nouveau Testament. Dans un second opuscule, de la même collection, ayant pour titre : *L'origine apostolique du Nouveau Testament,* nous croyons avoir établi qu'en procédant soit par voie historique, soit par voie théologique, on est forcément amené à conclure que tous les livres du Nouveau Testament ou bien sont l'œuvre des Apôtres, ou à tout le moins ont reçu le *visa* des Apôtres. C'est évidemment et du même coup établir la valeur historique de tous ces écrits.

Nous venons, dans ce troisième opuscule, offrir à nos lecteurs la même démonstration pour le Pentateuque en particulier. Par des preuves que nous estimons irréfragables, nous établissons que les cinq livres dits de Moïse, sont bien réellement, *en substance,* l'œuvre de Moïse. Or, s'il en est ainsi, impossible de récuser la valeur historique du Pentateuque. L'auteur, en effet, est un témoin hors

de pair, dont on ne saurait contester ni **la probité**
ni l'exactitude d'information, quand il nous raconte
des choses vues et vécues par lui-même.

Ce nouveau travail — comme les précédents du
reste — a d'abord paru sous une forme moins didactique, dans les *Etudes*, numéro du 5 novembre 1898,
et il ne tarda pas à être assez vivement attaqué, en
particulier dans la *Revue du Clergé français*.
Quelques jours après l'apparition de notre article,
le 25 de ce même mois de novembre, le Pape, écrivant au Révérendissime Père Ministre Général des
Frères Mineurs, donnait un avertissement aux écrivains catholiques, leur recommandant d'éviter, en
critique et en exégèse biblique, certaines opinions
nouvelles qui nous trompent, en se présentant avec
l'apparence et le masque de la vérité. Plus récemment, dans la Lettre au Clergé de France, en date
du 8 septembre 1899, le Souverain Pontife parlait
plus clairement encore ; il désignait expressément
la grave question de « l'authenticité et de la véracité » des Livres saints, comme étant de celles où
nos écrivains biblistes français s'égaraient ; il rappe-
lait lui-même que par deux fois, à savoir dans son
Encyclique *Providentissimus* d'abord, du 18 novembre 1893, puis dans la Lettre ci-dessus indiquée
au Ministre Général des Frères Mineurs, il nous
avait prévenus à ce sujet, afin de nous prémunir
contre tout péril d'erreur. Il n'y a donc pas à en
douter, la pensée du Pape est bien que nous devons
veiller à maintenir fermement l'enseignement traditionnel de l'Eglise concernant « l'authenticité et

la véracité » de nos Livres saints. Par conséquent, abandonner d'une manière générale l'autorité humaine ou autrement l'authenticité et la véracité de ces livres comme question assez inutile ; abandonner en particulier l'autorité humaine des livres que l'enseignement catholique a toujours mis à la base des démonstrations apologétiques, tels que *Evangiles, Actes, Pentateuque*, c'est s'égarer, c'est aller droit contre la tradition chrétienne et contre les volontés de l'Eglise.

C'est pourquoi nous avons cru opportun d'adjoindre en appendice, à la fin de cet opuscule, toute la partie des documents récemment publiés par Léon XIII, qui concerne la défense de l'autorité tant humaine que divine des Ecritures.

Puisse la voix du Pape être entendue de tous les intéressés ! Nous serions trop heureux, quant à nous, si par ce modeste travail il nous était donné d'aider, en quelque manière, à défendre, à propager les doctrines que nous croyons être les doctrines traditionnelles de l'Eglise de Dieu.

Paris, 8 décembre 1900.

L. MÉCHINEAU S. J.

L'ORIGINE MOSAÏQUE
DU PENTATEUQUE

CHAPITRE PREMIER

LES ORIGINES DU PENTATEUQUE D'APRÈS LA CRI-
TIQUE INDÉPENDANTE. IMPORTANCE THÉOLOGI-
QUE DES QUESTIONS D'AUTHENTICITÉ.

Comment la critique indépendante, contrairement à la critique traditionnelle, résout le problème des origines du
Pentateuque. Concessions regrettables de quelques catholiques contemporains. L'opinion qui rejette l'origine mosaïque du Pentateuque est-elle une opinion libre? Est-il
vrai d'abord qu'il suffise de défendre la canonicité et
l'inspiration des Livres saints, sans qu'il soit nécessaire
de se préoccuper jamais directement des questions d'authenticité ou d'autorité purement historique ? Deux méthodes d'apologétique : méthode de démonstration par le
fait prochain; méthode de démonstration par le *fait
éloigné.* Que si l'on n'a pas à se préoccuper des questions
d'authenticité ou d'autorité humaine des Livres saints
dans la première méthode, il en va tout autrement dans
la seconde. Pour établir directement la valeur historique
d'un livre, le nom même de l'auteur peut parfois importer
grandement à la thèse.

La thèse de l'origine mosaïque du Pentateuque
était, on peut le dire, universellement reçue jusque
vers les débuts du siècle qui va finir. Le rationalisme

allemand a trouvé commode de dénier à Moïse ses droits d'auteur et de les passer à toute une série d'écrivains qui s'échelonneraient du xe au ve siècle avant Jésus-Christ, et ainsi, comme le voulait M. Renan, le Pentateuque ressemblerait assez, par la diversité des pièces qui le composent, à une sorte de conglomérat où seraient venus s'encastrer des matériaux de tout âge et de toute provenance (1). Le rôle de la critique serait donc de démêler toutes ces pièces et d'assigner à chacune son origine véritable avec sa date d'entrée dans le Pentateuque. Pour parler aux yeux en même temps qu'à l'intelligence, M. Paul Haupt, assisté d'un certain nombre de critiques dits indépendants, a entrepris — l'œuvre est commencée — de publier en couleurs le texte hébreu du Pentateuque et de la Bible entière (2). Chaque morceau du texte a sa couleur spéciale, correspondant à l'époque présumée du document, et il arrive parfois qu'une seule et même page — tant les pièces sont nombreuses et diverses — présente l'aspect d'un véritable kaléidoscope, selon le mot irrespectueux dont se servait M. Maurice Vernes pour qualifier la critique documentaire (3). Longtemps les

(1) RENAN. — *Les Origines de la Bible. Revue des Deux-Mondes*, 1886, 15 mars, p. 266. M. Renan a souvent répété la même idée et parfois dans les mêmes termes dans son *Histoire du peuple d'Israël*, t. II, p. 337-338 ; t. III, p. 240-241 ; t. IV, p. 107-114.

(2) *The sacred Books of the Old Testament, a critical edition of the hebrew text printed in colors, with notes prepared by eminent Biblical scholars of Europe and America under the editorial direction of Paul Haupt.* Leipzig, Hinrichs.

(3) MAURICE VERNES. — *Précis d'histoire juive*, p. 759.

catholiques ont assisté, sans trop s'émouvoir, à ce travail de décomposition et de recomposition que la critique indépendante fait subir au Pentateuque traditionnel. On pensait généralement que c'était là faire œuvre vaine. Moïse, disait-on, a bien certainement écrit la Loi telle que nous la possédons : Genèse, Exode, Lévitique, Nombres et Deutéronome. Le nier, c'est aller contre des témoignages historiques certains, bien plus, contre les attestations mêmes de Jésus-Christ et des Apôtres. Donc, d'entreprendre une reconstitution du Pentateuque, comme s'il n'était pas l'œuvre de Moïse, c'est partir d'une hypothèse fausse, c'est construire sur une base imaginaire, c'est édifier sur le vide : inutile par conséquent de se préoccuper outre mesure des dénégations et des affirmations du rationalisme biblique ; le système documentaire est fatalement destiné à la ruine, sans qu'il y ait grand besoin d'aider à sa chute.

Mais voici que depuis quelques années, des écrivains catholiques, peu nombreux, il est vrai, se montrent sympathiques à la critique documentaire. Volontiers ils admettent le point de départ de la thèse nouvelle : le Pentateuque ne peut pas être considéré comme l'œuvre de Moïse, c'est l'œuvre des siècles. Ce point une fois admis, ils concluent — et le bon sens alors l'exige — que la critique a le droit et le devoir de rechercher l'origine, la date de toutes ces pièces désormais anonymes. Dès lors aussi, pensent-ils, il faut applaudir aux efforts tentés parmi les critiques indépendants pour défaire d'abord le Pentateuque, puis le refaire ensuite, le reconstituer dans une disposition nouvelle plus conforme à la réalité historique. Ce n'a pas été sans quelque surprise qu'on a vu chez nous des frères dans la foi se rapprocher ainsi d'un camp regardé jusque-là comme un camp ennemi. Plusieurs se consolaient, prétendant à tort ou à raison que les transfuges n'étaient pas hommes de théologie et que, par conséquent, leur adhésion à la thèse documentaire n'avait pas de quoi émouvoir l'opinion catholique. Mais aujourd'hui cette réponse ne vaut plus, si jamais elle a valu quelque chose ; car on ne dira pas, par exemple, que le R. P. Lagrange, O. P., ne manie pas avec une égale dextérité les armes du théologien et du critique. Aussi le passage d'hommes de cette valeur au camp de nos adversaires a-t-il jeté le trouble dans d'excellents esprits, et l'on entend dire maintenant assez couramment que la thèse de l'origine mosaïque du Pentateuque peut être librement débattue entre catholiques, comme toute opinion qui n'intéresse en rien la foi ou les mœurs.

Est-il bien vrai que ce soit là une opinion libre ? Est-il bien vrai que l'on puisse, sans aucun détriment pour la démonstration chrétienne et pour aucune des vérités que nous avons à défendre, nier que le Pentateuque soit l'œuvre de Moïse ? Tel est le point spécial que je voudrais envisager, sans y mêler aucune question de personne, car je n'ai pas de plus vif désir en écrivant, que d'éviter de blesser qui que ce soit, à plus forte raison des frères, voués comme moi à la défense de la doctrine catholique.

On a laissé entendre tout d'abord qu'il suffit à la démonstration comme à la défense de la foi par les Ecritures de sauvegarder la canonicité et l'inspiration des livres saints : peu importe le nom de leurs auteurs.

Il y a une part de vrai dans cette assertion, et l'on pourrait citer plus d'un livre de l'Ancien Testament, dont nous ignorons absolument l'auteur et même la date de composition, sans que la foi y perde rien. Qui a écrit la Sagesse, par exemple? Personne ne le sait; et l'on peut dire qu'il n'importe; l'Eglise nous garantit que le livre est inspiré, parole de Dieu; le livre fait donc autorité comme livre divin en premier lieu, et puis, par voie de conséquence, comme livre humain; car il est impossible qu'un livre divinement inspiré ne soit pas l'œuvre d'un écrivain véridique, quels que soient d'ailleurs son époque ou son nom. Ce que je dis de la Sagesse, je pourrais le répéter de bien d'autres livres encore. Il est donc vrai qu'un livre sacré peut imposer la foi et l'impose à la seule condition d'être démontré canonique. Pas n'est besoin, rigoureusement parlant, que l'on puisse prouver son authenticité directement et indépendamment de sa canonicité.

Et pourtant il est faux de prétendre que la foi chrétienne n'a jamais rien à gagner à la preuve directe et immédiate de l'authenticité des livres saints;

il est faux de croire que la connaissance du nom de l'auteur et de la date de son écrit n'intéresse jamais en rien la doctrine catholique et sa démonstration. Peut-on dire, par exemple, qu'il n'importe en rien que nos deux Evangiles soient de Mathieu ou de Marc, de Luc ou de Jean, qu'il n'importe en rien qu'on les ait écrits au premier ou au second siècle? Peut-on dire enfin : Ils sont canoniques, inspirés, donc des livres véridiques et c'est tout ce qu'il nous faut savoir?

En parlant ainsi, on oublierait une chose, c'est qu'il existe dans l'apologétique chrétienne un double procédé de démonstration, une double méthode de conduire l'homme à la foi et que si l'une des deux méthodes peut se passer de l'autorité purement humaine des livres saints, il n'en est plus de même pour l'autre.

La première de ces deux méthodes pourrait s'appeler la méthode du *fait prochain* et la seconde la méthode du *fait éloigné.*

On sait que pour établir l'origine divine du christianisme ou la mission divine de l'Eglise, toutes les preuves rigoureusement démonstratives se ramènent à une seule : la preuve par le fait miraculeux, divin, qui témoigne en faveur de la religion chrétienne ou de l'Eglise de Jésus-Christ; car c'est en vain qu'on a cherché récemment un procédé nouveau en apologétique.

Mais ce fait miraculeux d'où part la démonstration chrétienne peut être de deux sortes : un fait qui tombe pour ainsi dire sous les yeux, tant il est près de nous et facile à constater, ou bien un fait lointain, perdu dans les profondeurs de l'histoire, à dix, vingt siècles en arrière et même davantage. Soit la divinité de la religion chrétienne à démontrer ; je puis m'appuyer sur l'état présent de la société humaine, montrer la supériorité morale du chrétien comparativement au payen ; je puis m'appuyer sur les vertus éminentes, héroïques qui se rencontrent dans l'Eglise catholique ; sur l'étonnante fécondité de ses œuvres malgré l'abandon de tous les appuis humains et malgré toutes les persécutions ; enfin sur les miracles mêmes qui s'opèrent aujourd'hui encore au tombeau de ses martyrs ou de ses Saints et en tant d'autres endroits que Jésus-Christ, que la Vierge Marie ont choisis pour être le théâtre de manifestations surnaturelles. Ces faits et autres du même genre peuvent être proposés sans appareil d'érudition, parce qu'ils sont là, présents sous nos yeux et mis à la portée de tous, grands ou petits, enfants ou vieillards, savants ou ignorants. C'est là ce que j'appelle la méthode de démonstration par le fait prochain, que l'on pourrait appeler aussi la méthode des simples, parce que la foi du charbonnier, non moins sûre que la foi du lettré, ne s'appuie guère que sur les faits de cette catégorie, comme sur ses bases inébranlables. Il est de toute évidence que ce procédé de démonstration mène raisonnablement et sûrement à la foi les âmes de bonne volonté, et cela sans qu'il soit besoin de recourir à l'autorité humaine des Livres saints. — On aurait donc raison de dire que l'authenticité des Ecritures n'est aucunement nécessaire en apologétique, avec la méthode du fait prochain.

Mais, nous l'avons dit, il est une seconde méthode, chère aux apologistes de la foi, comme il est facile de le voir, en ouvrant n'importe quel traité théologique *de Religione* ou *de Ecclesia Christi* : c'est la méthode qui part du fait éloigné, le fait historique. Celui-là on ne le constate qu'en recourant aux documents que nous ont laissés les générations passées. Parmi ces documents, il en est quatre surtout, où puisent tous les jours nos apologistes de cabinet ou nos orateurs de la chaire : ce sont les quatre Evangiles. C'est dans les Evangiles, en effet, que nous allons chercher les grands miracles opérés par la vertu du Christ en témoignage de la divinité de sa mission ou de sa personne, en témoignage de l'infaillibilité de sa parole ou de l'autorité de son Eglise. Or, qui ne voit que cette méthode de démonstration suppose essentiellement l'authenticité des Evangiles préalablement démontrée ; car on ne peut pas se réclamer ici des Evangiles pris comme livres canoniques et inspirés, la méthode du fait éloigné en apologétique étant une méthode historique, qui part de faits historiques, attestés par des témoins purement humains. Et voilà pourquoi tous nos traités d'apologétique, avant de s'appuyer sur les miracles du Christ pour prouver la divinité de sa mission, de son œuvre, de sa personne, commencent par établir l'authenticité des Evangiles, si ce n'est peut-être qu'ils la supposent démontrée, dans les cours de critique sacrée, par exemple. Ce n'est, en effet, qu'à la condition d'avoir prouvé d'abord l'authenticité des récits évangéliques que l'on peut ensuite s'en servir pour conduire à la foi un homme qui l'ignore encore ; et si l'on me dit que cette méthode de démonstration n'est pas absolument nécessaire, puisque aussi bien il en existe une autre, la première, je réponds que toutefois il n'est pas indifférent à l'apologétique de se priver de la seconde. On le voit bien, puisque dans tous les temps, à toutes les époques de l'histoire de l'Eglise, les apologistes chrétiens se sont empressés d'y recourir. Et ils ont eu grandement raison ; car, vis-à-vis des esprits cultivés, habitués aux recherches et aux discussions critiques, cette méthode est souvent préférable. Vous leur dites : Jésus-Christ est l'envoyé de Dieu ; Jésus-Christ est Dieu ; il a établi une religion qu'il faut suivre, fondé une Eglise qui a le droit de vous instruire et de vous commander, et eux de vous répondre aussitôt selon leurs habitudes d'esprit : Allons aux sources ; si Jésus-Christ est le personnage que vous dites, l'histoire en témoignera ; où sont vos documents ? quelle est leur valeur critique et historique ? Répondra-t-on à ces hommes : Permettez, nous suivrons une autre méthode, je n'ai que faire de vous montrer des documents ; et d'ailleurs je n'en ai pas dont je puisse vous prouver directement la valeur historique ? Un tel langage serait scandaleux. Le Souverain Pontife dans son Encyclique *Providentissimus Deus* va bien plus loin ; il range parmi les erreurs monstrueuses *portenta errorum* l'affirmation de ceux qui attribuent les Evangiles et écrits apostoliques à d'autres auteurs qu'aux auteurs traditionnellement reconnus : *evangelia et scripta apostolica aliis plane auctoribus tribuenda : Hujusmodi portenta errorum...*

Et il n'est pas douteux qu'à cet endroit le Pape ne veuille stigmatiser l'erreur de ceux qui refusent aux écrits du Nouveau Testament la valeur de documents proprement et simplement historiques. S'il en est ainsi, c'est donc que les livres sacrés du Nouveau Testament ont gardé leur valeur documentaire, que leur authenticité est démontrable et toujours chère à l'Eglise ; par conséquent, si quelqu'un prétendait que pourtant l'authenticité des Evangiles est assez indifférente à la foi, qu'il nous suffit bien de sauvegarder leur canonicité et leur inspiration, celui-là non seulement consentirait à priver l'apologétique d'une méthode parfaite de démonstration, la méthode historique, comme on l'a expliqué, mais encore il irait manifestement contre le sentiment unanime des théologiens et contre la pensée de l'Eglise elle-même.

CHAPITRE II

IMPORTANCE PARTICULIÈRE DE LA THÈSE DE L'ORI-
GINE MOSAÏQUE DU PENTATEUQUE POUR DÉMON-
TRER HISTORIQUEMENT L'ORIGINE DIVINE DE LA
RÉVÉLATION.

Peut-on, sans aucun détriment, en ce qui concerne du
moins l'Ancien Testament, abandonner, comme étant de
nulle valeur, la démonstration directe de l'autorité humaine de n'importe quel livre, et spécialement du Pentateuque. Opinion de Mgr d'Hulst : autrefois on établissait
le fait de la révélation par les miracles de Moïse. Que ce
mode de démonstration employé par les premiers Pères
était bon ; qu'il l'est encore et que nos théologiens et apologistes modernes continuent de l'employer. De ce que le
Nouveau Testament suffit à prouver la divinité de la religion positive, il ne suit pas qu'on ait le droit d'affirmer
que le témoignage écrit de Moïse soit sans valeur pour
faire la même démonstration. Que les Juifs ont cru à la
divinité de leur religion en s'appuyant aussi sur le témoignage historique de Moïse racontant les miracles de
l'Exode et que la foi reposant sur ce motif de crédibilité
était une foi surnaturelle et certaine. Il faut regretter que
des catholiques n'aient pas compris l'importance de cette
question.

Le lecteur, qui aura bien voulu nous suivre nous
accordera sans doute très facilement que la question
d'origine est de haute importance, s'il s'agit de nos
Saints Evangiles ou autres livres du Nouveau Testa-

ment. Toutefois, nous dira-t on peut-être, ce n'est pas l'origine apostolique du Nouveau Testament qui est ici en cause, c'est l'origine mosaïque du Pentateuque. Et je le sais. Mais il arrive qu'une erreur en amène une autre et qu'il les faut aussi condamner ensemble. Tous ceux qui ont suivi la controverse actuelle dans nos Revues françaises, ont pu lire, à propos de l'authenticité du Pentateuque, que l'on croyait pouvoir d'autant plus facilement abandonner l'opinion traditionnelle, qu'en réalité, semblait-on dire, nous n'avions pas besoin de défendre directement l'authenticité des saints Livres. Et voilà pourquoi, élargissant à mon tour le débat, j'ai voulu montrer tout d'abord quelle est exactement dans l'apologétique la place occupée par la question d'authenticité des livres sacrés. Passons maintenant à l'Ancien Testament, puisqu'on nous y invite, et voyons si l'on peut, sans détriment aucun, sacrifier si facilement la thèse de l'autorité humaine des livres de l'ancienne loi.

J'ai concédé précédemment qu'il n'était pas nécessaire que l'on pût toujours démontrer directement l'autorité humaine de tel ou tel livre ; l'apologétique n'aurait rien à gagner ou fort peu de chose à s'appuyer immédiatement sur l'authenticité de certains livres, par exemple, sur l'authenticité des livres d'un caractère didactique plutôt qu'historique. Mais la question est de savoir si nous pouvons faire les mêmes concessions pour tous les livres de l'Ancien Testament et en particulier pour le Pentateuque, sans rien perdre du dépôt qui nous a été confié

Dans un article resté célèbre à cause des controverses qu'il souleva, le savant et regretté Mgr d'Hulst, si je le comprends bien, répondait affirmativement. Voici en quels termes il s'exprimait : « Autrefois, on croyait pouvoir appuyer aussi bien sur l'Ancien Testament que sur le Nouveau la démonstration qui établit le fait de la Révélation. Les miracles de Moïse garantissaient son témoignage comme les miracles de Jésus-Christ garantissent le sien. Les prophéties d'Isaïe, clairement accomplies, pouvaient être mises en parallèle avec les prédictions du Sauveur touchant sa résurrection ou la ruine de Jérusalem.

« Aujourd'hui, tout nous conseille de changer de tactique.

« L'Ancien Testament ne peut plus figurer au premier plan. *Les conceptions nouvelles introduites dans l'histoire de l'ancien Orient ne permettent plus à la Révélation mosaïque de se défendre elle-même, et toute seule* (1) ».

Là-dessus, l'éminent écrivain conseillait de s'appuyer plutôt sur le Nouveau Testament pour établir le fait de la Révélation, parce que, disait-il, « la valeur humaine du Nouveau Testament est beaucoup plus facile à vérifier (2) ».

Le conseil est excellent et la raison qu'on en donne est incontestablement vraie. Il s'agit pourtant de savoir si oui ou non nous devons désormais renoncer à établir directement l'authenticité, la valeur humaine

____

(1) M. d'HULST. — *La question biblique.* Extrait du *Correspondant.* Paris, 1893, p. 12.

(2) *Ibid.* p. 13.

de n'importe quel livre de l'Ancien Testament, et en particulier de ceux qui, comme le Pentateuque, par exemple, semblent avoir été écrits précisément en vue d'établir par voie même historique le fait de la Révélation et la divinité de la religion judaïque. Mgr d'Hulst accorde qu'« autrefois on croyait pouvoir appuyer aussi bien sur l'Ancien que sur le Nouveau Testament la démonstration qui établit le fait de la Révélation. » Et je pense que cet « autrefois » dure encore ; la théologie contemporaine tout comme l'ancienne, bien qu'elle choisisse de préférence ses preuves dans le Nouveau Testament — et cela pour plusieurs bonnes raisons — croit encore et toùjours que l'on peut démontrer le fait de la révélation en s'appuyant directement sur la valeur humaine d'un certain nombre de livres de l'ancienne alliance et principalement du Pentateuque. On peut ouvrir nos plus récents traités de théologie ou nos catéchismes les plus modernes et, pour peu qu'ils soient complets, l'on y verra la preuve de ce que j'avance.

Et pourquoi, du reste, les théologiens contemporains abandonneraient-ils une position occupée par leurs devanciers, je ne dis pas seulement par leurs devanciers des trois derniers siècles, auteurs de tant de traités nouveaux *de Religione*, mais bien encore par les Pères des trois premiers siècles, qui, dans leurs controverses avec les Juifs, s'appuyaient, tout comme ceux-ci, sur l'autorité humaine du Pentateuque ? Nos premiers Pères raisonnaient-ils mal ? Établissaient-ils la vérité de la religion sur des preuves qui ne valaient rien ? Est-ce donc qu'il a fallu dix-neuf siècles de christianisme pour trouver enfin les vraies raisons de croire? Apologistes imprudents qui vont nous répétant à chaque instant qu'il faut abandonner les démonstrations sur lesquelles se fondait souvent la foi de nos pères! Qu'on ne l'oublie pas, si les bases de la croyance sont incertaines, la foi elle-même n'existe plus, car ici l'on peut dire : tant vaut la preuve et tant vaut la religion.

Oh ! je n'ignore pas que l'antiquité même chrétienne s'est quelquefois servie, ici ou là, de preuves de détail qui ne tiennent plus sous le feu de la critique ou de l'exégèse moderne, et pas n'est besoin, pour établir avec certitude la divinité de la religion soit mosaïque soit chrétienne, que tous les arguments qu'on en a proposés aient été également bons. Je dis seulement que quand tel ou tel de ces arguments, à plus forte raison toute une méthode de démonstration a pour elle l'approbation des siècles et de toute l'Eglise, on doit y regarder à deux fois avant de déclarer que cet argument, cette méthode de démonstration ne prouve pas et n'a par conséquent jamais rien prouvé. Ce serait une insulte à la foi de nos pères, car s'ils croyaient pour des raisons qui n'en sont pas, leur foi n'était qu'une crédulité niaise, et certainement personne n'oserait ainsi parler.

Mais, dira-t-on, la religion chrétienne n'a que faire de l'authenticité du Pentateuque pour rester ferme et inébranlable ; ce n'est pas sur les miracles de Moïse que l'on s'appuie pour prouver l'origine divine du christianisme. J'en tombe d'accord ; mais je prie que l'on remarque ceci : le christianisme, qui

peut se démontrer divin sans le secours du Pentateuque, compte aussi parmi ses dogmes le suivant :
la religion mosaïque est d'origine divine et elle imposait la foi à ses fidèles. Partant de là, je raisonne
ainsi : Puisque nous croyons que les Juifs avaient la
foi surnaturelle et divine, il nous faut donc admettre
aussi qu'ils avaient, tout comme nous, des raisons de
croire à la révélation, et des raisons, non pas seulement probables, mais certaines.

Or, quelles pouvaient être pour le Juif ses raisons de
croire ? Tout comme nous, il en avait de deux sortes :
les raisons prises du fait prochain, et les raisons
prises du fait éloigné.

Le Juif pouvait croire raisonnablement les dogmes
de la religion mosaïque, d'abord, parce qu'à chaque
instant Dieu opérait des prodiges surnaturels qui té-
moignaient en faveur de la vérité de sa religion. Il y
a eu bien peu de générations, si même il y en a eu,
de Moïse à Jésus-Christ, qui n'aient connu quelque
prophète ou quelque envoyé de Dieu, confirmant par
des prodiges évidents la divinité du judaïsme. Il serait facile d'en établir la preuve par la série même
des prophètes dont l'Ancien Testament nous a gardé
le souvenir, encore qu'il ne les ait pas tous nommés.

Mais j'ajoute que les Juifs croyaient aussi à l'origine divine de la loi mosaïque pour des raisons prises
du fait éloigné, pour des raisons démontrées historiquement vraies ; en un mot, ils croyaient aussi à
cause des grands miracles de l'Exode et du séjour
dans le désert qu'ils estimaient historiquement certains. Jamais, chez les Juifs, on n'a cessé de tenir

pour certains les prodiges opérés par Moïse lors de la sortie d'Egypte, le passage de la mer Rouge, par exemple, l'apparition du Seigneur sur le Sinaï pour y dicter la loi, enfin les miracles sans nombre accomplis dans le désert de Pharan, et jamais non plus on n'a cessé de croire que le récit de toutes ces merveilles avait été consigné par Moïse lui-même au livre de la Loi, c'est-à-dire dans le Pentateuque.

On pensait donc tenir en main le récit d'un témoin oculaire, qui racontait, à partir de l'Exode, ce qu'il avait vu, ce qu'il avait fait, par conséquent un témoin parfaitement bien informé, comme aussi un témoin au-dessus de tout soupçon pour la sincérité et l'éminente sainteté de sa vie.

Les Juifs avaient ainsi leur apologétique comme nous avons la nôtre, c'est-à-dire qu'ils avaient comme nous — et il le fallait bien — des motifs de crédibilité sûrs et certains ; sans cela ils n'auraient pu croire raisonnablement et surnaturellement à l'existence de la Révélation. Ces motifs de crédibilité étaient pour eux comme pour nous les miracles opérés par Dieu en témoignage de la vérité de cette révélation.

Enfin, ils avaient comme nous deux moyens de constater l'existence de ces miracles : les voir, pour ainsi dire, et les toucher des yeux, s'il s'agissait de miracles présents, prochains, ou bien en démontrer historiquement l'existence par des documents d'une parfaite authenticité, s'il s'agissait de miracles déjà perdus dans le lointain des âges. Quand le chrétien emploie la seconde méthode, la méthode historique ou du fait éloigné, il se sert principalement des

Evangiles où sont racontés les grands miracles de la fondation du christianisme. Quand le Juif suivait cette même méthode, il allait droit à la *Tôrâh* ou Pentateuque, qui racontait les grands prodiges de la fondation du mosaïsme. Le Pentateuque jouait donc, dans l'apologétique de l'ancienne Loi, exactement le rôle des Evangiles dans la Loi nouvelle. Les ennemis de la Révélation ne s'y sont pas trompés ; avec M. Renan, ils déclarent très haut que la question d'authenticité du Pentateuque « est, avec la question de la rédaction des Evangiles, le plus important problème qu'ait eu à résoudre la critique moderne (1) ». Aussi cette fameuse critique moderne n'a-t-elle rien épargné, comme chacun sait, pour battre en brèche principalement les Evangiles et le Peutateuque. Mais on ne s'attendait guère à voir quelques catholiques se mêler ici à nos adversaires, et avec eux crier sus à l'authenticité du Pentateuque ; et c'est pourtant ce que nous avons le regret comme le devoir de constater.

(1) Renan. — *Revue des Deux-Mondes, ibid.*, p. 9.

CHAPITRE III

PREUVES IRRÉFRAGABLES DE L'ORIGINE MOSAÏQUE
DU PENTATEUQUE

La thèse de l'origine mosaïque du Pentateuque s'appuie : 1º sur la tradition juive, qui est certaine comme tradition historique et comme tradition divine. — 2º Sur la parole de Jésus-Christ, qui a attribué à Moïse comme à son auteur le livre de la *Tóráh,* c'est-à-dire notre Peutateuque. — 3º Sur l'enseignement constant de l'Eglise dans la matière. Qu'il n'est pas besoin de mandat spécial à un théologien pour dire son sentiment sur une thèse qui va contre la doctrine de l'Eglise.

De l'examen que nous venons de faire, il résulte que toute attaque contre l'origine mosaïque du Pentateuque va droit à essayer de renverser l'une des bases sur lesquelles repose l'apologétique tant juive que chrétienne. Voilà le point précis que je voulais d'abord mettre en lumière, car il faut que ceux des nôtres qui se mêlent aujourd'hui de manier la sape, sachent bien où portent leurs coups et nous disent enfin ce qu'ils entendent faire.

Mais est-ce là tout ? Les catholiques adversaires de l'autorité humaine du Pentateuque ne font-ils qu'abandonner une méthode de démonstration de la foi employée jusque-là par tous les Juifs et par tous les Chrétiens ? Non, ce n'est pas tout. Quand on va contre une thèse, on va du même coup contre les arguments qui l'établissent, et si ces arguments à leur tour reposent sur des faits ou sur des principes d'une importance théologique exceptionnelle, il est impossible de les battre en brèche sans faire courir à la foi quelque danger.

Or, quels sont-ils ces faits ou ces principes sur lesquels jusqu'ici l'on s'est appuyé pour affirmer que le Pentateuque est bien l'œuvre de Moïse ?

On peut les ramener à trois.

Le premier fait est celui-ci : chez les Juifs on a toujours cru que le Pentateuque était l'œuvre de Moïse. Impossible de contester ce fait. On le croyait au temps de Jésus-Christ ; on le croyait au temps d'Esdras (v⁵ siècle avant J.-C.), et de Zorobabel (vi⁵ siècle) ; on le croyait sous Josias (vii⁵ siècle), sous Ezéchias (viii⁵ siècle), sous Amasias et sous Joas (ix⁵ siècle), sous Josaphat et sous David (x⁵ et xi⁵ siècles) ; Josué lui-même, successeur de Moïse, l'a cru. Tout cela est dit manifestement dans les Evangiles, les Actes, les Epîtres de saint Paul, dans Esdras, Néhémie, les livres des Rois, les Paralipomènes, Josué. Je n'entends pas ici refaire les arguments : je les suppose connus, il s'agit seulement de les apprécier, d'en peser pour ainsi dire la valeur. Eh bien ! contre cette assertion : « les Juifs le croyaient, l'ont toujours cru », a-t-on quelque chose à opposer ? Ce fait, car ce n'est qu'un fait, est-il contestable ? Non. Personne, même parmi les rationalistes, ne le conteste pour le temps de Jésus-Christ ; personne à peu près non plus ne le conteste même pour le temps d'Esdras? Pourquoi? Parce que les Evangiles et les livres d'Esdras et de Néhémie le disent clairement. Ils nons parlent de la *Tôrâh*, c'est-à-dire d'un livre ainsi nommé la Loi, livre écrit par Moïse : *Lex — Liber Moysis — Scripsit Moyses*. Et ce livre, tous les critiques en conviennent, c'était bien au temps de Jésus-Christ, c'était bien au temps où les Septante le traduisaient, c'était bien enfin au temps d'Esdras, c'était bien ce livre tel que nous l'avons et que nous appelons, nous, le Pentateuque. Or, les livres des Rois, les Paralipomènes et les autres parlent absolument comme les Evangiles et Esdras. Tous connaissent la *Tôrâh* de Moïse, et elle est pour eux *Lex Scripta, scripta a Moyse, liber Moysis*, etc. Car c'est toujours d'un livre qu'il s'agit. Donc le fait est indéniable : Les Juifs croyaient que leur *Tôrâh*, c'est-à-dire le Pentateuque, avait été écrite par Moïse. Cela posé, que l'on raisonne sur cette croyance ou tradition, comme on voudra, jamais on n'évitera cette conclusion : La tradition juive doit dire vrai.

Prenez-la d'abord comme tradition purement historique, et déjà la conclusion s'impose. En effet, cette tradition historique n'est pas, comme on a voulu le faire entendre, une tradition purement littéraire, parce que le problème de l'authenticité du Pentateuque n'est pas un simple problème de littérature. Si Moïse est ou n'est pas l'auteur du livre qui raconte les révélations du Sinaï, c'est une question, nous l'avons montré, qui intéresse grandement la religion elle-même : et le Juif, à la conscience duquel on imposait cette dure Loi, n'était pas médiocrement intéressé à la question de savoir si l'auteur de cette Loi était bien vraiment, comme on le lui disait, Moïse en personne, et non pas quelque faussaire prenant sa place et son nom.

Ah ! je comprends très bien que s'il s'agissait d'un problème comme celui d'Homère, qui n'a rien à voir avec la conscience d'un peuple, n'intéresse que des lettrés, et encore secondairement, une opinion erronée puisse s'accréditer sur l'auteur véritable du livre. Dans le cas de l'*Iliade* ou de l'*Odyssée*, le problème est purement littéraire, et en littérature il est facile de faire dévier une tradition. Mais qu'on ait pu, à un moment donné de son histoire, faire croire subitement au peuple juif qu'il était tenu d'observer toute la Loi, parce que Moïse l'avait écrite par l'ordre de Dieu, au Sinaï ou dans les déserts de Pharan, cela n'est plus de la simple littérature, et il était aussi impossible d'égarer sur ce point le peuple juif qu'il le serait d'imposer subitement à la conscience du peuple français une loi à la fois civile et religieuse, en lui contant que l'Etre Suprême l'a dictée au grand Vercingétorix sur les montagnes de l'Auvergne. Et quand on me citerait des duperies de ce genre pour le Coran, par exemple, encore me serait-il permis, avec la théologie, de nier toute parité, et il serait facile, je suppose, de montrer les différences, comme le savent faire les théologiens au traité *de Religione*, quand ils prouvent que la libre croyance chez les chrétiens, et sur la foi des Évangiles, aux récits merveilleux de la vie du Chris et à l'obligation de croire en lui, est humainement inexplicable, si l'histoire évangélique a été forgée par des faussaires et non pas écrite, comme on l'a toujours dit, par les témoins médiats ou immédiats du Christ. On sait qu'il n'en fut pas de même pour le Coran qui s'imposait par la force et la violence.

Ainsi, dirais-je, la tradition judaïque, elle aussi, est inexplicable, s'il n'est pas vrai que Moïse soit l'auteur du Pentateuque ; elle n'a pas pu se tromper si grossièrement en une matière de cette gravité.

Mais il y a plus, cette tradition ne relève pas seulement de l'histoire religieuse ; elle est d'ordre divin, parce qu'elle est écrite, rapportée et approuvée dans des livres sacrés, divins. Aucun catholique ne l'ignore ; et alors comment se fait-il qu'on ose en contester l'exactitude ? Dira-t-on que les Livres saints ne parlent pas de cela ? Impossible en vérité. Alors, quoi ? Est-ce l'Écriture qui se trompe ? Eh bien ! je voudrais qu'on me le dît une bonne fois, et nous saurions enfin ce que l'on veut.

Le second fait sur lequel on s'appuie pour affirmer l'origine mosaïque du Pentateuque est celui-ci : Jésus-Christ l'a dit avec tous les Juifs et comme tous les Juifs de son temps. Inutile d'ajouter que les Apôtres ou écrivains du Nouveau Testament ont souvent répété la doctrine du Maître.

Or, encore ici, le fait que Jésus-Christ ait affirmé l'origine mosaïque du Pentateuque est-il contestable ? Non, et tous nos adversaires en conviennent. Mais alors, comment s'y prend-on pour échapper à cette conclusion : donc le Pentateuque est de Moïse ? De deux manières : Les uns, rationalistes, qui rejettent la divinité du Sauveur, se contentent de dire ou de penser que Jésus-Christ était dans l'erreur comme tous les autres Juifs. Nous n'avons ici qu'à signaler le blasphème et à passer outre.

Mais que disent les catholiques dont nous combattons les idées ? Ils disent avec les protestants prétendus orthodoxes, renouvelant en cela la théorie de Semler, que Jésus-Christ a simplement adapté son langage aux croyances populaires. Le peuple croyait faussement que le Pentateuque était l'œuvre de Moïse : simple erreur littéraire ! Jésus-Christ n'est pas venu pour redresser les torts de la critique ou résoudre des problèmes d'histoire ; il a donc laissé la question dans l'état, parlant comme le peuple, attribuant, lui aussi, le Pentateuque à Moïse, comme tout le monde le faisait. A quoi bon heurter de front les préjugés populaires ? Ce n'eût pas été opportun.

On s'étonne de trouver de pareilles idées chez des écrivains catholiques. Encore une fois, non, je l'ai démontré plus haut, la question de l'origine mosaïque du Pentateuque n'est pas une simple question de littérature ; c'est aussi une question d'apologétique et par conséquent de théologie. Et quand ce ne serait qu'un problème littéraire, on ne peut pas dire que Jésus-Christ l'a résolu comme ses contemporains, en adoptant une solution fausse, pour ne pas heurter de front les préjugés du temps. Ce serait un blasphème encore après tout, car, qu'on le remarque bien, Jésus-Christ n'a pas simplement gardé le silence dans la question, il a parlé comme, tous et a firmé comme tous que Moïse a écrit la *Tôrâh*, entendez : le Pentateuque.

Enfin, troisième fait, sur lequel repose la doctrine qu'ici nous défendons : la tradition chrétienne. Oui, c'est encore un fait, l'Eglise a toujours admis que le Pentateuque est l'œuvre de Moïse ; les Pères l'ont dit et répété, en se fondant sur la tradition juive, mais la vraie, consignée dans les Livres saints ; en se fondant encore sur l'enseignement de Jésus-Christ et des Apôtres. Et ceux-là mêmes, parmi les Pères, qui, adoptant l'histoire fabuleuse du quatrième livre d'Esdras, ont cru qu'Esdras, animé par l'Esprit-Saint, avait dicté à ses scribes toutes les Ecritures censément perdues au temps de l'exil, ceux-là, dis-je, ne cessaient pas pour cela de croire que le Pentateuque restait l'œuvre de Moïse. Si l'*Enéide* venait à se perdre, et qu'un savant latiniste nous rendît ce poème de mémoire, l'*Enéide* ne serait-il pas toujours l'œuvre de Virgile ?

Mais, dira-t-on, les Pères se sont bien trompés en acceptant la narration du quatrième livre d'Esdras ; ils se sont bien trompés, quasi à l'unanimité, en admettant l'histoire des cellules des Septante. Eh oui, sans doute, rien n'empêche qu'ils ne se trompent, et même à l'unanimité, sur un fait qui n'appartient pas au dépôt de la révélation. Mais, encore une fois, le fait de la rédaction du Pentateuque par Moïse relève de la révélation, et nous vient affirmé par elle dans l'Ecriture authentique. Voilà pourquoi l'on ne peut admettre ici que toute la tradition chrétienne se soit égarée, en déclarant que Moïse est l'auteur du Pentateuque.

Ainsi, pour nous résumer, l'origine mosaïque de l'antique *Tôrâh* est affirmée par trois autorités irrécusables : la tradition judaïque consignée aux Livres saints ; l'enseignement formel de Jésus-Christ et des Apôtres ; enfin la tradition chrétienne et l'enseignement de l'Eglise.

Il est impossible de ne pas convenir de ces trois faits, si l'on se donne la peine de parcourir les témoignages, de les grouper, de les éclairer les uns par les autres. Or, si ces trois faits sont certains, personne n'a le droit de rejeter la conclusion qui en ressort : donc le Pentateuque est bien l'œuvre de Moïse. L'attribuer à un autre, c'est commettre une erreur, erreur semblable à celle que l'on commet lorsqu'on attribue les livres du Nouveau Testament à d'autres auteurs que les auteurs traditionnellement reconnus ; et ce que le Souverain Pontife Léon XIII a déclaré de celle-ci, qu'elle était à classer parmi les *portenta errorum*, on peut aussi le dire de celle-là.

Que si l'on me demande de qui j'ai reçu le mandat de qualifier ainsi une opinion tenue par quelques catholiques, je réponds que je n'ai reçu aucun mandat, et que je n'en ai aucun besoin. J'use du droit qu'a tout théologien d'examiner une proposition et d'en dire son sentiment. Ce que d'autres prennent la liberté d'attaquer, je puis prendre la liberté de le défendre, surtout si j'ai la conviction que je défends la doctrine de l'Eglise, ma mère, et c'est ici mon cas.

CHAPITRE IV

OBJECTIONS ET RÉPONSE.

Pas de thèse même certaine qui n'ait ses difficultés, et la thèse n'en reste pas moins certaine. Contre l'origine mosaïque du Pentateuque, on nous objecte au nom de la critique exclusivement interne, « art pervers et funeste à la religion » : 1° Les difficultés créées par certaines gloses explicatives ou quelques passages assez courts qui supposent une époque différente de l'époque mosaïque. *Réponse :* Il n'est pas toujours vrai que ces passages détachés ne soient pas de Moïse ; mais, quand on l'accorderait, il suivrait simplement, étant donnée la certitude démontrée de notre thèse, que le Pentateuque a subi des modifications accidentelles au cours des siècles, ce qui n'est pas fait pour nous surprendre. On objecte : 2° que le Pentateuque, au dire de la critique documentaire, paraît composé de pièces et de morceaux des époques les plus diverses. *Réponse :* Moïse, on le savait de vieille date, a dû lui-même se servir, pour l'histoire des temps antérieurs à son époque, de documents d'âge et de style fort différents ; mais, à partir de l'exode, l'ensemble et la trame du récit ne sont pas à ce point différents qu'il faille attribuer à d'autres qu'à Moïse la composition *générale* du Pentateuque.

Problème final. Pourquoi quelques écrivains ont-ils suivi la critique indépendante en ces derniers temps ? Ne serait-ce pas par suite d'une confiance excessive en la logique de quelques érudits de marque, et peut-être aussi par une certaine appréhension de passer pour des gens arriérés, qui ne sont pas dans le mouvement ? Soyons du vrai mouvement, qui est le mouvement du Pape et de l'Eglise.

La tradition juive, la parole de Jésus-Christ, l'enseignement constant de l'Eglise, voilà donc les trois faits absolument certains sur lesquels repose, comme sur autant de bases inébranlables, la thèse de l'origine mosaïque du Pentateuque. Cela établi, la démonstration est achevée. Toutefois, nous voudrions, pour notre part, répondre encore à une question que nos lecteurs ont dû se poser d'eux-mêmes.

Ils se seront dit : Mais puisque des catholiques en viennent à essayer d'éluder la force des trois arguments que nous avons examinés, c'est donc qu'il existe des objections bien graves contre la thèse traditionnelle ?

Des objections, il en existe contre l'authenticité du Pentateuque, comme il en existe contre toutes les thèses, même les plus certaines, ce qui ne les empêche pas de demeurer des thèses certaines. Je n'ai pas l'intention d'exposer ici en détail ces difficultés, pas plus que je n'ai voulu précédemment exposer en détail les preuves de ma thèse. Mais il est facile d'en donner l'idée générale et d'en apprécier l'exacte portée.

Notons d'abord qu'on ne nous oppose aucun témoignage historique, par cette raison bien simple qu'il n'en existe pas et qu'il faut descendre jusqu'aux temps modernes pour trouver des auteurs qui osent nier l'origine mosaïque du Pentateuque. Et ainsi, c'est au nom de la critique exclusivement interne que l'on nous argumente, de cette critique dont le Pape, actuellement régnant, nous a dit : « Il y a un art pervers et funeste à la religion, qu'on a décoré du nom de critique supérieure (*criticæ sublimioris*), qui consiste à juger par les seuls arguments internes, comme on dit, de l'origine, de l'intégrité et de l'autorité de chaque livre (1) ». Au même endroit, le Souverain Pontife ne craint pas d'ajouter que cette critique, quand elle est seule, quand elle est totalement dénuée de l'appui des témoignages historiques, ne saurait avoir une très haute valeur, s'il s'agit du moins d'édifier et non plus de détruire.

Pour en venir au fait, les difficultés de cette sorte que l'on nous oppose peuvent se classer en deux genres. Les unes, prises de quelques textes détachés, vont à conclure directement que Moïse ne peut pas être l'auteur du Pentateuque. Ce sont, en général, certaines locutions qui paraissent trop modernes pour qu'on puisse les attribuer à Moïse, des gloses ou explications dont n'avaient aucun besoin, dit-on, les contemporains de Moïse, ou bien même, certains passages qui semblent supposer un état géographique ou politique différent de l'état existant à l'époque mosaïque.

Je ferai d'abord remarquer que toutes les objections de cette catégorie étaient fort bien connues des exégètes anciens. Ce ne sont pas les partisans de la théorie documentaire qui les ont révélées. Et comment répondait-on ? Comme on le fait encore aujourd'hui : Tantôt en montrant que le passage incriminé ne contient rien qui ne convienne à l'époque de Moïse, tantôt en accordant qu'en effet telle locution, telle explication, tel passage est d'un auteur postérieur.

(1) Voir notre Appendice, Lettre I, n. 5.

. Et quel mal, grand Dieu ! quel danger peut-il y avoir pour notre thèse d'accorder qu'un livre vieux de plus de trois mille ans, cent et cent fois recopié par des scribes sujets à l'erreur ou désireux d'éclaircir et de gloser un texte obscur, ait subi çà et là quelques retouches ou même quelques additions, fâcheuses ou non ? Est-ce que nous avons jamais eu la prétention de soutenir autre chose que l'intégrité et l'authenticité substantielle des livres de Moïse ? Sommes-nous assez ignorants de l'histoire des textes pour ne pas savoir tout ce qu'ils peuvent subir d'altérations au cours des siècles ? Et ne pouvons-nous pas, tout comme d'autres, montrer qu'en fait le Pentateuque n'est pas absolument tel qu'il sortit des mains de Moïse ? Seulement, nous savons aussi que le Pentateuque, tel que nous le lisons, c'est bien le même essentiellement que la *Tôrâh* du ı^{er} siècle, le même que les cinq livres traduits par les Septante du ııı^e siècle avant Jésus-Christ. De cela aucun critique ne doute. Je vais plus loin et je dis qu'à part certains énergumènes qui se compteraient sur les doigts de la main, les critiques les plus exigeants accordent qu'Esdras, au ve siècle, lisait, au retour de l'exil, devant le peuple assemblé, exactement le Pentateuque qui est entre nos mains. Et voilà déjà que par la seule critique nous arrivons à cette conclusion que depuis 2400 ans, le Pentateuque est bien substantiellement le même. Pour arriver à Moïse, restent mille ans à parcourir. Or, on constate au moyen des autres livres sacrés qu'il était encore et toujours question de la *Tôrâh* de Moïse, du livre de Moïse et l'on ne voit pas pourquoi, durant ces mille ans, le livre de Moïse aurait dû nécessairement s'altérer au point de n'être plus vraiment le livre qu'avait écrit Moïse. J'entends bien que l'on nous oppose alors les quelques gloses, explications ou additions dont je parlais tout à l'heure ; mais là, entre nous et de bonne foi, en quoi cela ébranle-t-il notre thèse ? Est-ce que les sermons de Bossuet n'étaient pas toujours, en substance, les sermons de Bossuet, encore que dom Deforis les eût maladroitement retouchés et remaniés ? A ce compte, je ne sais pas vraiment si, de tous nos classiques grecs ou latins, il resterait un seul ouvrage que l'on pût dire authentique. Donc, nous le voulons bien, toutes les altérations que l'on nous signalera au Pentateuque, avec preuves à l'appui, nous sommes prêts à les reconnaître et nous convenons sans peine qu'il en existe et plus d'une ; mais de là à conclure que nous n'avons plus en substance l'œuvre qu'attribuent à Moïse l'antiquité judaïque, Jésus-Christ, les Apôtres et la tradition chrétienne, c'est ce que nous nous refusons à faire tout aussi bien au nom de la critique que de la foi.

La seconde catégorie de difficultés que l'on nous oppose est prise de l'examen des pièces qui, selon la théorie documentaire, sont venues de divers côtés se réunir, se grouper ensemble pour former enfin le Pentateuque. On nous dit : Examinez la composition même du Pentateuque, vous verrez qu'il contient des morceaux de styles fort différents, et que, par conséquent, l'auteur de la dernière et définitive rédaction avait à sa disposition des sources multiples. Or, si Moïse, témoin oculaire et principal acteur des faits racontés dans le Pentateuque, avait été lui-même l'auteur du Pentateuque, il est évident qu'il n'aurait pas eu à consulter d'autre source que sa propre mémoire. Moïse n'est donc pas l'auteur du Pentateuque. Et partant de là on nous démonte le Pentateuque pièce par pièce ; on distingue chaque morceau prétendu d'origine différente, en lui assignant une provenance et une date nouvelle. Et il paraît que ce démontage du Pentateuque fait grande impression sur certains esprits et que le ton d'autorité avec lequel on recompose ensuite un second Pentateuque, historique celui-là, convainc de plus en plus de la fausseté de notre thèse.

Pour être juste, il faut commencer par convenir que la théorie documentaire contient une part de vérité, mais cette part de vérité était connue longtemps avant que la théorie documentaire eût apparu. On doit remarquer, en effet, que le Pentateuque comprend deux parties fort différentes : la première qui raconte l'histoire des temps antérieurs à Moïse, à commencer par la création du monde, et la seconde qui contient les faits contemporains de Moïse : l'exode et les périgrinations à travers le désert.

Pour la première partie, nos critiques indépendants ont raison : oui, la Genèse et, si on y tient, le début de l'Exode supposent des sources diverses ; mais, si la critique moderne a eu le mérite de mettre mieux en saillie ce caractère composite d'une partie du Pentateuque, elle ne peut, quant au fond, revendiquer le mérite de l'invention. Le droit de priorité appartient à l'antique bon sens de l'homme, qui supposera toujours que quand un écrivain raconte l'histoire des siècles passés, il utilise des documents antérieurs. Sans doute, puisque Moïse écrivait sous la dictée de Dieu, il eût pu recevoir par révélation de Dieu lui même la connaissance des temps primitifs; mais il n'est aucunement nécessaire de recourir à cette hypothèse, pas même pour le récit de la création qui pouvait avoir été fait bien avant Moïse Donc Moïse avait dû consulter des sources antérieures à lui-même, c'est ce que le bon sens disait.

Le bon sens disait encore que Moïse n'avait pu écrire l'histoire de faits s'échelonnant sur un espace de trois ou quatre mille ans, s'il n'avait utilisé, lui, ou à tout le moins quelque écrivain antérieur, des sources de provenance et d'âge divers; car celui, par exemple, qui le premier avait conté l'histoire d'Adam et de ses fils, sans doute avait précédé Noé, et si Noé l'avait transmise à son tour, ce n'était pas lui qui avait ensuite conté l'histoire d'Abraham, et ainsi des autres. Il fallait donc nécessairement supposer des narrateurs et des récits de divers âges et de diverses provenances. Mai restait la question de savoir si Moïse avait tellement fondu dans son récit les documents dont il se servait qu'on ne pût les reconnaître encore et les discerner dans son œuvre, et c'est là le problème que la critique moderne, depuis Astruc au siècle dernier, a examiné avec une attention que l'antiquité, moins soucieuse de ces sortes de questions, n'avait pas apportée. Il va sans dire qu'un problème aussi délicat n'est pas résolu par tous de la même manière. Les uns se refusent obstinément à rien reconnaître, quoi qu'on dise; pour eux, dans la Genèse, on ne voit que Moïse et personne autre. En revanche, il est des connaisseurs si fins qu'ils vont jusqu'à discerner le style de notre premier père, ce qui doit être assurément fort consolant. Pour en dire simplement mon avis, j'estime que l'on ne peut, sans y mettre quelque entêtement, se refuser à reconnaître la diversité de certains documents d'après le style même de ces pièces. Ce que l'on a dit en particulier du double récit de la création force la conviction; et il est assez clair en d'autres endroits que Moïse laisse çà et là à ses documents leur caractère spécifique, originel.

Donc nous voilà d'accord, pour le fond du moins, avec la critique documentaire, en ce qui concerne le récit des faits antérieurs à Moïse; mais où je cesse complètement de suivre la théorie nouvelle, c'est quand on l'applique aux faits contemporains de Moïse. Là je reconnaîtrai bien, sans qu'il m'en coûte, certaines locutions ou additions postérieures à Moïse; mais que l'ensemble des récits et des lois ne puissent pas être d'une seule plume et par conséquent de Moïse, c'est ce à quoi je ne saurais souscrire, premièrement parce que je crois et j'ai raison de croire aux témoignages des Écritures, de

Jésus-Christ et de la tradition chrétienne, secondement parce que, à juger directement les pièces, je ne vois aucune raison sérieuse d'en refuser à Moïse la paternité.

En vérité, on se demande parfois comment de bons esprits se laissent si facilement incliner à la théorie documentaire par des arguments qui n'en sont pas.

Cela, c'est aussi un problème ; et voici peut-être comment il le faut résoudre ? Il est incontestable que dans le camp de nos adversaires, protestants ou incrédules, il y a des hommes de beaucoup de science et d'érudition, des hommes dont les œuvres parfois surpassent de beaucoup les nôtres par l'étendue du savoir et la patience des recherches. Eh bien ! je crois que quelques-uns des nôtres subissent le prestige de nos très savants adversaires et qu'hypnotisés, pour ainsi dire, par l'éclat de la réputation qu'on leur fait, que nous leur faisons nous-mêmes, ils adoptent, sans les discuter suffisamment, un peu toutes leurs théories.

Il y a là un certain manque d'indépendance contre lequel il nous faut réagir. Eh, mon Dieu, que nous soyons souvent dépassés par les incrédules eux-mêmes dans les sciences historiques ou critiques, la philologie, la linguistique et autres branches du savoir humain, il est assez facile d'en convenir ; mais que nous leur cédions le pas aujourd'hui et que jamais nous le leur ayons cédé pour la solidité, l'exactitude et la justesse de nos vues philosophiques ou théologiques, nous ne saurions l'admettre. Il ne nous est pas difficile, grâce à notre formation intellectuelle autrement ferme que la leur, de voir que leurs élucubrations très souvent manquent de base ou ne concluent pas comme ils le pensent. Et, par exemple, qu'est-ce que signifient, dans le cas présent, des raisonnements où l'on ne s'appuie que sur des convenances possibles d'un texte avec une époque, laquelle souvent est mal connue, pour en déduire que ce texte doit être de cette époque et non pas de telle autre que lui assignent tous les témoignages de l'antiquité et avec laquelle notre texte convient encore infiniment mieux? Comment voulez-vous que mon esprit s'incline sous une argumentation de cette valeur? Et me fût-elle proposée par l'homme le plus érudit du globe, je me refuserais à l'admettre. Et que me fait cet homme illustre s'il raisonne de travers? A-t-il un droit quelconque à ce que je le crois sur parole? Non. Alors qu'il me montre premièrement que je ne dois ajouter foi ni à la tradition divine, ni à Jésus-Christ, ni à l'Eglise; après, qu'il me donne des raisons qui soient des raisons et je serai de son bord, sinon, jamais.

Tous pourtant ne cèdent pas à la seule fascination de quelques noms réputés grands dans la science. Il en est qui dépassent presque toujours le but, vont au-delà des limites où se meut l'exacte vérité, poussés en cela par un autre mobile, et sans qu'ils s'en doutent; je veux dire par une sorte de respect humain, par une peur inconsciente qu'on ne les traite d'arriérés, de gens en retard sur leur

siècle, et qui ne sont plus *dans le mouvement.*
Eh bien ! je le veux, car c'est tout à fait mon avis,
il faut que nous soyons dans le mouvement, mais
dans le mouvement de l'Église et le mouvement du
Pape. Certes, il en est du mouvement, le glorieux
Pontife qui nous gouverne, et je ne sache pas que
personne jusqu'ici l'ait trouvé en retard sur son
siècle ; à beaucoup même il paraît le devancer. Et
ce n'est pas seulement dans les questions politico-
religieuses ou dans les questions sociales qu'il
marche en avant pour nous montrer la voie ; il nous
a indiqué tout aussi bien la route à suivre dans les
études philosophiques et théologiques, dans les
sciences physiques ou naturelles, comme encore
naguère dans les études philologiques, critiques et
scripturaires. Nous voulons être dans le mouvement,
rien de mieux ; mais ne quittons pas la route qui
nous est tracée.

APPENDICE

EXTRAITS DE DOCUMENTS PONTIFICAUX RÉCEMMENT PUBLIÉS, QUI RECOMMANDENT LA DÉFENSE DE L'AUTORITÉ TANT HUMAINE QUE DIVINE DES ÉCRITURES.

C'est pour défendre l'autorité des Écritures méconnue par quelques écrivains même catholiques que nous avons publié dans la présente collection : 1° *L'Autorité humaine des Livres saints* ; 2° *L'Origine apostolique du Nouveau Testament* ; 3° *L'Origine mosaïque du Pentateuque*. Pour montrer à nos lecteurs que dans ces trois opuscules notre doctrine n'est pas notre doctrine, mais celle du grand maître en matière doctrinale, le Pape, nous avons pensé qu'il était à propos de réunir ici, en les groupant sous divers titres et comme en autant de paragraphes, les instructions récemment données sur ce même sujet par le Souverain Pontife, et dont nous nous sommes efforcé d'être le simple et fidèle écho. Les documents que nous reproduisons ici sont extraits de l'une ou l'autre des trois lettres suivantes : Encyclique *Providentissimus* du 18 novembre 1893 ; Lettre au R. P. Ministre Général des

Frères Mineurs, du 25 novembre 1898 ; Lettre au Clergé de France, du 8 septembre 1899.

Passages principaux de l'Encyclique « Providentissimus », du 18 novembre 1893, concernant la défense de l'autorité soit divine soit humaine des Ecritures.

1. *Si l'Eglise catholique est vraiment une arriérée dans l'interprétation des Ecritures ; quel degré de confiance devons-nous accorder aux interprètes hétérodoxes ?*

Après avoir tracé l'exposé des travaux accomplis dans l'Eglise catholique pour répandre et interpréter les Ecritures, le Pape s'exprime ainsi :

« En considérant de bonne foi, comme il convient, toutes ces choses, on accordera que l'Eglise n'a jamais épargné aucune sollicitude pour faire arriver jusqu'à ses enfants les eaux salutaires des divines Lettres, et que cette forteresse où elle a été placée par Dieu pour la défense et la glorification des Ecritures, elle s'y est toujours maintenue, et s'est appliquée à la munir de toutes les ressources du savoir, sans avoir eu jamais, sans avoir besoin de l'excitation des hommes du dehors (1). »

(1) Traduction des *Etudes*, déc., 1893, p. 544. On trouvera là aussi le texte latin, que je m'abstiens de reproduire pour n'être pas trop long.

Un peu plus loin, Léon XIII poursuit avec cette énergie et cette sagesse qui caractérisent sa parole :

« Mais ce qui est absolument contre toute convenance, c'est d'ignorer ou de dédaigner les travaux excellents que les nôtres ont laissés en abondance, et de préférer les livres des hétérodoxes, pour y chercher, au grand péril de la saine doctrine et souvent au détriment de la foi, l'explication des passages où se sont déjà et très excellement exercés le talent et le labeur des catholiques. Car, bien que l'interprète catholique puisse parfois se servir avec prudence des études des hétérodoxes, qu'il se souvienne pourtant, d'après les nombreux témoignages des anciens, que le sens intégral des saintes Lettres ne se trouve jamais en dehors de l'Eglise, et qu'il ne peut être donné par ceux qui, privés de la vraie foi, ne vont pas jusqu'à la moelle des Ecritures, mais se bornent à en ronger l'écorce (1) ».

Enfin sur ce même sujet, le Pape recommande en ces termes de veiller à ce que les jeunes gens ne se laissent pas tromper par les belles apparences de l'érudition rationaliste :

« Il faut donc pourvoir à ce que les jeunes gens abordent les études bibliques convenablement préparés et instruits, pour qu'ils ne trompent pas de justes espérances, et, ce qui est pire encore, pour qu'ils ne se laissent pas prendre à l'erreur, trompés par les systèmes captieux des rationalistes et l'appa-

____

(1) Dans les *Etudes*, janvier, 1894, p. 7.

rence de leur érudition (*Rationalistarum capti fallaciis apparatæque specie eruditionis*) (1) ».

2. *Erreurs des rationalistes sur les Ecritures, et si c'en est une de rejeter l'authenticité de nos saints Livres ou même de répudier les noms des auteurs traditionnellement reconnus.*

« Ils (les rationalistes) nient complètement, en effet, qu'il y ait une révélation, ou une inspiration, ou une Écriture Sainte, et ils ne voient là que des fictions et inventions humaines ; d'après eux, il n'y a pas là des narrations authentiques d'événements vrais, mais de pures fables ou des histoires mensongères ; il n'y a pas là de prophéties ni d'oracles divins, mais, ou des prédictions arrangées après l'événement, ou de simples intuitions de l'esprit humain ; il ne faut pas non plus y voir de vrais miracles et des manifestations de la puissance divine, mais seulement des phénomènes curieux qui ne dépassent pas la force de la nature, ou des illusions et des mythes ; enfin, il faudrait attribuer les Evangiles et les écrits apostoliques à de tout autres auteurs que ceux qu'on leur donne.

« Ces erreurs monstrueuses, par lesquelles ils croient détruire la sainte vérité des Livres divins, ils les donnent comme les arrêts définitifs d'une sorte de nouvelle *science libre*, et cependant, ils les tiennent eux-mêmes pour si peu assurés qu'on les voit sou-

______
(1) *Etudes*, janvier, 1894, p. 0.

vent changer d'avis et se contredire sur les même points (1). »

3. *S'il faut veiller à ce que les jeunes clercs apprennent à défendre l'intégrité et l'autorité de la Bible. Joindre la théologie à la critique.*

« Au seuil même de ces études bibliques, ils (les maîtres) devront s'adresser à l'intelligence de leurs élèves, de manière à former et à développer en eux un jugement également apte à la défense des saints Livres et à leur interprétation. C'est à quoi tend le traité communément appelé *Introduction à la Bible,* où l'élève trouve abondamment ce qui sert à établir l'intégrité et l'autorité de la Bible, à découvrir et à saisir le vrai sens du texte, à prévenir et à réfuter radicalement les objections. On ne saurait trop dire combien il est important que ces préliminaires soient méthodiquement et savamment traités, avec la théologie pour compagne et pour auxiliaire, puisque touté la suite des études bibliques s'appuie sur ces bases et s'éclaire de ces lumières (2). »

4. *Si l'on peut prouver par le magistère de l'Eglise l'entière autorité de la Bible et si, d'autre part, l'autorité purement humaine de la Bible est assez certaine pour établir le magistère infaillible de l'Eglise et les bases principales de la foi.*

« Prouver, exposer, élucider la doctrine catho-

(1) *Etudes,* décembre, 1893, p. 545-546.
(2) *Etudes,* décembre, 1893, p. 548.

lique par une légitime et soigneuse interprétation de la sainte Bible, c'est déjà beaucoup ; mais il reste une autre tâche, aussi importante que difficile, c'est d'établir inébranlablement son entière autorité. Et il n'y a pas d'autre moyen d'obtenir ce résultat pleinement et universellement, **sinon par le vivant magistère** propre à l'Eglise ; car, *en raison de sa merveilleuse diffusion, de son éclatante sainteté et de son inépuisable fécondité en toute sorte de bien, en raison de son unité catholique et de son immuable stabilité, l'Eglise est par elle-même comme un grand et perpétuel motif de crédibilité et un témoignage irréfragable de sa divine mission* (Conc. Vatic. sess. III, c. III, *de fide*).

Mais comme le divin et infaillible magistère de l'Eglise repose aussi sur l'autorité de la Sainte Ecriture, il faut d'abord établir et prouver la foi **au** moins humaine qui est due à celle-ci, afin qu'**au** moyen de ces livres, comme des plus sûrs témoins de l'antiquité, la divinité et la mission de Jésus-Christ, l'institution de la hiérarchie ecclésiastique, la primauté conférée à Pierre et à ses successeurs puissent être démontrées et mises en évidence (1). »

5. *Pour établir les origines, l'intégrité et la valeur historique de nos Livres saints, quels sont les meilleurs arguments, arguments de critique interne ou arguments de critique externe ? Que l'usage exclusif de la critique interne ne mène*

______

(1) *Etudes*, janvier, 1894, p. 10-11.

souvent qu'à des conclusions arbitraires, incer-
taines ou même erronées et funestes à la reli-
gion.

« Tous ceux-là aussi (qui sont appliqués spécialement aux études scripturaires), dans le même but,
devront être particulièrement habiles et exercés dans
la vraie critique ; car il y a un art pervers et funeste
à la religion, qu'on a décoré du nom de critique supérieure (*criticæ sublimioris*), qui consiste à juger
par les seuls arguments internes, comme on dit, de
l'origine, de l'intégrité et de l'autorité de chaque
livre. Il est évident, au contraire, que dans les questions historiques, telles que celles de l'origine et de la
conservation des livres, les témoignages de l'histoire
l'emportent sur les autres, et doivent d'abord être
recherchés et discutés ; quant à ces raisons internes,
elles n'ont pas tant de valeur, en général, qu'on
puisse les invoquer ici, si ce n'est par manière de
confirmation. Que si l'on en agit autrement, il en résultera, sans contredit, de grands inconvénients.
Car les ennemis de la religion n'en auront que plus
d'assurance pour attaquer et mettre en pièces l'authenticité des saints Livres ; et ce genre de critique
transcendante qu'ils exaltent aboutira finalement à
ce que chacun suivra, dans l'interprétation, son goût
et son opinion préconçue ; dès lors, il n'en résultera
ni cette lumière que l'on cherchait pour éclaircir les
Écritures, ni aucun profit pour la science, mais on
verra se manifester ce caractère certain d'erreur,
qui est la variété et la diversité des opinions, dont

les chefs de cette nouvelle école sont eux-mêmes un exemple ; de là aussi, comme la plupart d'entre eux sont imbus des préjugés d'une fausse philosophie et du rationalisme, ils ne craindront pas d'éliminer des saints Livres les prophéties, les miracles et tout ce qui dépasse l'ordre naturel (1). »

6. *Qu'il ne peut y avoir dans les Ecritures authentiques ni contradiction d'un passage avec un autre, ni aucune erreur de doctrine.*

« Il faut regarder comme inexacte et fausse toute interprétation qui met les auteurs sacrés pour ainsi dire en contradiction l'un avec l'autre, ou qui répugne à la doctrine de l'Eglise (2). »

7. *Qu'il faut admettre l'inspiration intégrale et l'inerrance absolue des Ecritures, même dans les choses qui ne concernent ni la foi ni les mœurs.*

« Il sera toujours absolument interdit, soit de restreindre l'inspiration à certaines parties seulement de la sainte Ecriture, soit de concéder que l'auteur sacré lui-même s'est trompé.

« On ne saurait, en effet, tolérer le système de ceux qui, pour échapper à ces difficultés, ne craignent pas d'admettre que l'inspiration divine s'applique aux choses de la foi et des mœurs, mais à rien de

(1) *Etudes*, janvier, 1894, p. 13-14.
(2) *Etudes*, décembre, 1893, p. 554.

plus, parce qu'ils croient faussement que s'il s'agit de la vérité des textes, on ne doit pas tant rechercher ce que Dieu a dit, qu'examiner pour quel motif il l'a dit. Car tous les livres que l'Église reconnaît comme saints et canoniques ont été écrits, dans leur intégralité et dans toutes leurs parties, sous la dictée de l'Esprit Saint. Or, bien loin que l'inspiration divine puisse être sujette à aucune erreur, cette inspiration, par elle-même, non seulement exclut toute erreur, mais l'exclut et la repousse aussi nécessairement qu'il est nécessaire que Dieu, vérité souveraine, ne soit l'auteur absolument d'aucune erreur (1). »

8. *Qu'il n'y a dans l'Ecriture, telle qu'on la trouve dans l'ancienne Vulgate latine, ni livre, ni partie intégrante de livre, qu'on puisse exclure du rang des Ecritures sacrées, canoniques et par conséquent authentiques.*

« C'est là l'ancienne et constante foi de l'Eglise, définie en outre par un jugement solennel dans les conciles de Florence et de Trente, confirmée enfin et déclarée plus expressément encore dans le concile du Vatican, qui a décrété absolument *qu'il faut recevoir pour sacrés et canoniques tous les livres de l'Ancien et du Nouveau Testament, en entier, avec toutes leurs parties, tels qu'ils sont enumérés dans le décret du même concile (de Trente)*

(1) *Etudes*, janvier, 1894, p. 18-19.

et qu'ils sont contenus dans l'ancienne édition latine Vulgate (1). »

II

Lettre du Souverain Pontife au R. P. Ministre Général des Frères Mineurs, en date du 25 novembre 1898.

Cette lettre fut écrite, en témoignage de bienveillance, au Révérendissime Père Ministre Général de tout l'ordre des Frères Mineurs, afin de marquer spécialement « quelle voie il faut suivre dans l'étude des sciences supérieures ». Après avoir dit qu'en philosophie, comme en théologie, le grand maître à suivre est saint Thomas d'Aquin, le Pape expose quelle doit être la méthode d'enseignement des sciences scripturaires. Nous divisons ses paroles en trois paragraphes et nous traduisons.

1. *Pourquoi certaines opinions nouvelles en matière d'Ecriture sainte doivent être plutôt redoutées.*

« Ensuite vous savez que rien n'importe autant à la foi chrétienne que d'expliquer avec soin et fidélement, comme il convient, les Livres écrits par l'inspiration de l'Esprit-Saint. Il faut, dans une matière si importante, procéder avec méthode et avec soin, pour ne commettre aucune faute soit par

(1) *Etudes*, janvier, 1894, p. 19.

orgueil, soit même par légèreté ou par imprudence. Et avant tout, que l'on se garde de sacrifier plus que de raison à certaines opinions nouvelles qu'il vaut mieux redouter, non parce qu'elles sont nouvelles, mais parce que la plupart du temps elles nous trompent, en se présentant avec l'apparence et le masque de la vérité.

2. *S'il est parmi nous, catholiques, des hommes trop confiants dans les interprètes hétérodoxes; quelles qualités sont requises chez les interprètes.*

« Çà et là, les hommes qui auraient dû le moins se laisser séduire ont commencé à s'éprendre d'un genre d'interprétation téméraire et libre à l'excès. Parfois même on applaudit à des interprètes étrangers à la foi catholique, dont l'esprit désordonné altère les lettres sacrées plutôt qu'il ne les éclaircit. De tels maux, si l'on n'y remédie promptement, seront plus funestes qu'on ne croit. La *parole de Dieu* exige absolument, de la part de ceux qui l'étudient, un jugement sain et prudent, qui ne saurait aller sans cette réserve et cette modestie auxquelles nous sommes tenus.

3. *Qu'il faut, en expliquant les Ecritures, tenir grand compte des règles et instructions données par l'Eglise ou par le Pape.*

« Voilà ce que doivent comprendre et méditer tous ceux qui étudient les livres divins. Ces mêmes hommes doivent aussi se souvenir qu'ils ont le moyen de se livrer en toute sécurité à de tels travaux : c'est d'écouter l'Eglise, comme ils y sont obligés. Nous n'omettrons pas de rappeler ici que Nous-même avons enseigné expressément, dans notre lettre *Providentissimus Deus*, quels sont sur ce point les sentiments de l'Eglise et ses lois. Or, il n'est permis à nul catholique de ne pas tenir compte des règles et des instructions données par le Souverain Pontife (1). »

(1) Voici le texte latin complet du passage que nous venons de traduire.

« Dein nihil esse vides, quod fidei christianae tam vehementer intersit, quam explanari probe ac fideliter, ut oportet, conscripta divino Spiritu afflante volumina. Habenda ratio et diligentia est in re tanti momenti, ne quid, non modo superbia, sed ne levitate quidem animi imprudentiave peccetur : in primisque ne plus aequo tribuatur sententiis quibusdam novis, quas metuere satius est, non quia novae sunt, sed quia plerumque fallunt specie quadam et simulatione veri. Adamari hac illac coeptum est. vel a quibus minime debuerat, genus interpretandi audax atque immodice liberum : interdum favetur etiam interpretibus catholico nomine alienis, quorum intemperantia ingenii non tam declarantur sacrae litterae, quam corrumpuntur. Cujusmodi incommoda in malum aliquod opinione majus evasura sunt, nisi celeriter occurratur. Omnino postulant *eloquia Dei* a cultoribus suis judicium sanum ac prudens : quod nullo modo poterit esse tale, nisi adjunctam habeat verecundiam modestiamque animi debitam. Id intelligant ac serio considerent, quicumque pertractant divinos libros : iidemque meminerint, utique habere se quod in his studiis tuto sequantur, si modo audiant Ecclesiam, ut debent. Nec silebimus, Nos ipsos per Litteras *Providentissimus Deus*, quid hac de re sentiat, quid velit Ecclesia, debita opera docuisse. Praecepta vero et documenta Pontificis maximi negligere, catholico homini licet nemini. » On nous permettra

III

Lettre Encyclique au clergé de France en date du 8 septembre 1899.

Dans cette Lettre, écrite en français, Léon XIII parcourt les principaux points qui intéressent la formation et la vie soit intellectuelle soit morale du prêtre; il signale aussi les périls qui peuvent menacer plus spécialement le clergé de France. Arrivé aux études scripturaires, il appelle notre attention sur les dangers que font courir au caractère même surnaturel de la Bible, les théories critiques adoptées chez nous par des écrivains catholiques qui auraient dû être les premiers à les combattre. Nous pouvons intituler ces paroles :

Troisième appel aux écrivains biblistes, les invitant à ne plus attaquer, d'accord avec nos adversaires, « l'authenticité et la véracité des Livres saints »

Voici le texte pontifical :

« Au sujet de l'étude des Saintes Ecritures, Nous appelons de nouveau votre attention, Vénérables Frères, sur les enseignements que Nous avons donnés

de rappeler que nous avons donné de ces paroles un bref commentaire, sous ce titre : Un avertissement de Rome à quelques critiques et exégètes catholiques. *Etudes*, 5 mars, 1899, p. 665-671. C'était une réponse à ceux qui repoussaient nos doctrines sur l'origine mosaïque du Pentateuque.

dans Notre Encyclique *Providentissimus Deus* (1), dont Nous désirons que les professeurs donnent connaissance à leurs disciples, en y ajoutant les explications nécessaires. Ils les mettront spécialement en garde contre des tendances inquiétantes qui cherchent à s'introduire dans l'interprétation de la Bible, et qui, si elles venaient à prévaloir, ne tarderaient pas à en ruiner l'inspiration et le caractère surnaturel. Sous le spécieux prétexte d'enlever aux adversaires de la parole révélée l'usage d'arguments qui semblaient irréfutables contre l'authenticité et la véracité des Livres saints, des écrivains catholiques ont cru très habile de prendre ces arguments à leur compte. En vertu de cette étrange et périlleuse tactique, ils ont travaillé, de leurs propres mains, à faire des brèches dans les murailles de la cité qu'ils avaient mission de défendre. Dans Notre Encyclique précitée, ainsi que dans un autre document (2), Nous avons fait justice de ces dangereuses témérités. Tout en encourageant nos exégètes à se tenir au courant des progrès de la critique, Nous avons fermement maintenu les principes sanctionnés en cette matière par l'autorité traditionnelle des Pères et des Conciles, et renouvelés de nos jours par le Concile du Vatican. »

____

(1) 18 nov. 1893.
(2) « Genus interpretandi audax atque immodice liberum »
(Lettre au ministre général des Frères mineurs, 25 nov. 1898).

*
* *

Tels sont les documents pontificaux. Rien ne serait plus facile que de mettre en regard les assertions contraires qui ont été soutenues, notamment dans plusieurs Revues françaises, par un petit groupe d'écrivains catholiques ; mais c'est là une besogne ingrate, à laquelle nous ne saurions nous résigner sans y être contraint par une évidente nécessité. Et puis le temps qui fait bien des choses, peu à peu verse la lumière dans les esprits qui paraissaient les plus éloignés d'elle. Car nous ne croyons pas avoir le droit, par exemple, de suspecter la sincérité, la loyauté de celui qui autrefois nous avait pris assez vivement à partie dans la question du Pentateuque, et qui, récemment, sous le nom toujours d'Isidore Desprès, écrivait les paroles suivantes : « Ces derniers temps, des savants catholiques se sont risqués à traiter en critiques certaines questions d'exégèse, notamment l'origine du Pentateuque, et ils ont avancé sur quelques points, non sur l'ensemble des questions bibliques et de la question du Pentateuque en particulier, des conclusions analogues à celles des critiques non catholiques. Ce sont évidemment ces exégètes qui sont visés dans la lettre au Ministre général des Franciscains et dans la lettre au clergé de France ; c'est leur méthode qui est blâmée « comme un genre d'interprétation hardi et trop libre », comme une « tactique étrange et périlleuse ». Puis un peu plus loin, le même auteur poursuit : « Léon XIII condamne la nouvelle critique comme trop libre en théologie et périlleuse en apologétique. Envisagées au point de vue de la théologie scolastique, les opinions récemment émises par les critiques catholiques touchant l'origine du Pentateuque semblent en effet ruiner tout l'édifice de la démonstration chrétienne, compromettre l'autorité de l'Ancien Testament, celle même du Sauveur et de la tradition ecclésiastique; on ne comprend pas comment des gens sensés ont pu quitter la plate forme des opinions reçues pour s'embarquer dans une entreprise pleine de hasards et d'incertitudes. Les paroles très sévères du Souverain Pontife n'ont donc pas besoin d'explication, et il serait presque impertinent de les vouloir justifier (1) ».

Voilà pour le Pentateuque. Et que dit aussi le même M. Desprès de l'origine des Evangiles et autres écrits apostoliques? Il est convaincu qu'indépendamment des derniers documents pontificaux, on pouvait voir déjà, par la bulle *Providentissimus* de 1893, que tous ces écrits doivent être attribués aux auteurs désignés par la tradition, et que, soutenir le contraire, c'était commettre une erreur monstrueuse (2). Souhaitons que tous les écrivains auxquels il peut arriver de se tromper — *errare humanum est* —, reviennent au droit chemin avec la même générosité que M. l'abbé Desprès.

(1) Isidore Desprès. — La récente encyclique au Clergé de France *Revue du Clergé français*, 1er juin, 1900, p. 14 et 15.
(2) Voir *ibid.*, p. 8-10.

TABLE DES MATIERES

A nos lecteurs 5

Chapitre I. — Les origines du Pentateuque d'après la critique indépendante. Importance théologique des questions d'authenticité . 9

Chapitre II. — Importance particulière de la thèse de l'origine mosaïque du Pentateuque pour démontrer historiquement l'origine divine de la révélation. . . . 10

Chapitre III. — Preuves irréfragables de l'origine mosaïque du Pentateuque 27

Chapitre IV. — Objections et réponses 33

Appendice. — Extraits de documents pontificaux récemment publiés qui recommandent la défense de l'autorité tant humaine que divine des Ecritures. 43

I. — Encyclique *Providentissimus*, du 18 nov. 1893 . 47

II. — Lettre au R. P. Ministre Général des Frères Mineurs du 25 novembre 1898. 55

III. — Lettre au Clergé de France, du 8 septembre 1899. 58

FIN DE LA TABLE

2143-04. — Imp. des Orphelins-Apprentis, F. BLÉTIT,
40, rue La Fontaine, Paris-Auteuil.